迅速提升气质的完美礼仪书

你的礼仪价值千万

NI DE LIYI
JIAZHI QIAN WAN

王馨平 著

吉林科学技术出版社
JILIN SCIENCE & TECHNOLOGY PUBLISHING HOUSE

图书在版编目（CIP）数据

你的礼仪价值千万 / 王馨平著. -- 长春 ：吉林科学技术出版社，2013.3

ISBN 978-7-5384-7436-7

Ⅰ. ①你… Ⅱ. ①王… Ⅲ. ①礼仪－青年读物②礼仪－少年读物 Ⅳ. ①K891.26-49

中国版本图书馆CIP数据核字（2012）第309050号

你的礼仪价值千万

吉林省版权局著作合同登记号：
图字 07-2012-4065

著　王馨平
出 版 人　李 梁
策划责任编辑　冯 越
执行责任编辑　李励夫
封面设计　长春市一行平面设计有限公司
制　版　精彩图文工作室
开　本　710mm×1000mm 1/16
字　数　120千字
印　张　10
印　数　1—8000册
版　次　2014年3月第1版
印　次　2014年3月第1次印刷

出　版　吉林出版集团
吉林科学技术出版社
发　行　吉林科学技术出版社
地　址　长春市人民大街4646号
邮　编　130021
发行部电话/传真　0431-85677817　85635177　85651759
85651628　85600611　85670016
储运部电话　0431-86059116
编辑部电话　0431-85619083
网　址　www.jlstp.net
印　刷　长春新华印刷集团有限公司

书　号　ISBN 978-7-5384-7436-7
定　价　29.90元

前 言

新女性礼仪必修课

礼仪对现今独立自主的新女性重要吗？也许对有些人而言，“礼仪”与传统观念是画上等号，早已不符合时代需求与价值观。但我认为，在这个女性比以往更生气蓬勃的时代，礼貌的行为举止及优雅的谈吐气质更能衬托智慧与内在，让女性活跃于社会、职场，展现自信耀眼风采。

这是一本给新时代女性的礼仪书，在这女权意识逐渐抬头的国际化时代，能让你提升自我，赢在人生成功的起跑线。

蔡依伦

日常生活中，你对礼仪讲究吗？

与新朋友会面时，你知道应如何互相介绍吗？用餐礼仪并不简单，你知道点餐的次序吗？作为宴请者，你会如何安排菜单？用餐时，你知道如何使用餐巾吗？喝汤如何喝得不失礼？

礼仪，并不一定是金科玉律。然而，如果对此一无所知，难免会在生活上闹出笑话。我庆幸自小得到父母教导，学得不少礼仪细节，在社交场合亦没有失礼于人前。

当我得悉好朋友馨平在撰写一本有关礼仪的书籍，我实在替她感到非常高兴。本书的确是一本全面的增值读本，由浅入深，让重视生活素养的人能再进一步提升个人涵养，渐渐培养个人优秀气质，令人对你刮目相看。

你准备好没有？一同好好学习礼仪吧！

赵式和

序

和朋友闲聊，谈起自己正着手撰写礼仪相关的书籍，朋友笑说："啊哟，我知道我知道，就是那种名媛养成术，说话要细声细气的样子。"另一位朋友也打趣着模仿起所谓"名媛"说话的语气，配合着莲花指："噢！我认为呢，香奈儿和钻石才是女人的好朋友……"语毕大伙儿一阵笑声，我也被朋友的逗趣表演感染得笑了起来。当然，我了解朋友并无恶意，纯属说笑。不过内心深处还是起了这样的疑问："是吗？礼仪真的只是一种装腔作势、卖弄自己教养的行为吗？"

透过撰写本书时的资料搜集过程，结合自己平常与人接触的生活经验，我想我可以对上述问题确切回答："绝非如此，绝非如此！"

细细地审视这些中外礼仪，可以发现，这些行为背后的出发点，其实都是为了要"能替他人着想"。以"要替他人着想"做前提，所以在吃饭时会意识到自己手肘摆放的位置，不会肆无忌惮地撑开而干扰邻座；在交际场合上，不会老是板着面孔，金口吝开，而是能微笑对人，得体地互相寒暄一番；在机场自动步道上，懂得靠边站立，不会无意识地霸占了整个步道，令后面赶搭飞机的人无从穿越。

因为懂得替他人着想，尊重他人（从而尊重自己），所以这些有礼的行为绝不会"气势凌人"地卖弄高贵，给人"欺压"他人的感觉，而是应该让自己生活周遭的人，无论什么阶层，在与自己相处之时，都能感觉自在、舒适。

真正有礼貌的人，不应该像是戴了一层假面具般地待人接物，也不会仿佛穿了一身枷锁，在生活中动弹不得。而是更可以真诚地在熟悉或不熟悉的人面前做自己，聊天说笑，怡然自得。借用前辈萧芳芳女士在她的著作《洋相》一书中所说："能跟周遭的人打成一片，和谐共处的人才是真正懂得礼貌的礼仪高手。"

严格要讲起中外礼仪的典故、规矩，恐怕不是本书这样万把字就能介绍完的。但我已尽力囊括大家日常生活中最常接触的部分，辅以大量图片，浅显易懂地呈现，希望不是只有文字叙述那么枯燥。

最后当然要谢谢所有在我写作过程中曾帮助我的朋友。也以此书献给从小对我严格管教的父亲和继母。

把有礼貌的行为举止融入日常生活中，习惯成自然，做个有礼达人，与大家共勉。

馨平 Linda

目录

第一章
会面礼仪

1　名片
2　相互介绍
3　握手
4　拥抱礼
5　贴面礼
6　吻手礼

首次见面给予人的第一印象相当重要，因此初次见面的言谈举止，决定一个人90%的印象分数了。气质优雅、举止得体会让人感觉舒服，所以学习如何营造自己的好印象是与别人交往的第一步。

01 名片

1. 使用名片

交换名片已是现代人交际应酬时重要的一环。有礼貌的举止表现是给人良好印象的开端。

递送自己名片时，宜用双手，将名片的正面文字朝向对方递送出去。

接受他人名片时，也宜用双手承接表示尊重，并且现场快速浏览一遍。若遇到不懂或不知如何发音的字，不妨立即当面请教一下，这不用觉得不好意思，其实对方可能挺受用的，因为你的细心和用心会让对方有受到尊重的感觉。

递名片和收名片宜用双手。

2. 派名片的时机顺序

一般商务场合，不宜一见人就先派名片，不妨寒暄热络一阵后再拿出名片派送。而派发名片的顺序，可以按职务高低、年纪长幼或男女性别作依据。即：职位低者先向职位高者派名片；年纪轻的向长辈派发名片；女性等男性主动派发名片。不过如果对方是长辈，那么女性还是应先主动向对方递送名片。

如果是一群人站在一起，分不清大家的职位高低，就不妨以自己右方开始依次派送名片。

职位低者宜先向职位高者派名片。

小贴士

存放名片可以用一个独立的收纳小包，而不是和自己的信用卡、钞票等物件杂七杂八地放在一起。因为妥当的收纳可以免去在使用名片时，在别人面前“翻箱倒柜”的尴尬，也能确保你的名片是整齐干净的。

收纳名片的小包。

02 相互介绍

1. 自我介绍

自我介绍简单地说，就是把自己推销出去，这是别人对你的第一印象，应好好把握。自我介绍时，讲话速度不宜太快，这样别人可能听不清楚你的名字。最好是面带笑容，以均匀的说话速度介绍自己。

例："您好，我是王小莲。"

"大家好，我是王小莲。"

如果是商务场合，应把自己的工作单位和职务用简洁的方式说出。

例："您好，我是王小莲，是汉湘文化的编辑。"

"大家好，我是王小莲，在汉湘文化工作。"

2. 为他人作介绍

在商务或一般社交场合中，遇到要为他人作介绍时，较重要的是注意介绍的先后次序。

一般而言，要尊重年长者及女性。

所以正确的顺序是：先把年纪轻者介绍给年长人士；职务低者介绍给职务高者；把男士介绍给女士。

例：“李伯伯，这是我的朋友王先生。”

“李总，这位是张先生。”

“李太太，这位是王先生。”

介绍内容宜简洁，不宜长篇大论把别人的丰功伟业一一报告，这样有刻意吹捧之嫌。

也不宜把别人的绰号一并暴露，以免造成尴尬。

为他人作介绍。

小贴士

一旦发现见面却想不起对方名字时，这时候该怎么办？建议诚实为上。不妨微笑大方自嘲，并向对方道歉。例：“真抱歉，我们见过面的吧？您是？”

在现代社会，人际关系网络着是重要一环，况且相对的，你也希望对方在下次见面时，能叫出你的名字。所以如何能记住对方名字？这里有一些建议。

首先，当大家互相介绍认识或交换名片时，就应该立刻留意对方的五官特征，来与名字作个联想。这样可以帮助记忆。回家之后，若能立刻记录一下刚才认识的新朋友，能帮助强化记忆。也可以在收到的名片上做些小记号。如果有对方的照片，立即将其储存于手机的通讯栏内，也是一个好方法。

03 握手

1. 握手礼仪

握手是十分普遍的社交礼仪，一般情况下，男女会面时，应由女方主动，先伸出手示好。而男士在女方作主动前，不宜先伸出手或有其他肢体接触的。

不过，现代社会中，许多正统礼仪规范已被简略。现今更常见的情况是，男士在会面过程中主动先伸手，这时女士为避免尴尬，也不宜过分拘泥于传统礼节，立即伸手轻握对方的手即可。

行握手礼时，双眼宜直视对方、友善寒暄，眼光不宜左闪右避，显得小家子气、扭捏不大方。

直视对方握手。

眼神低视。

握手时一手插裤袋，给对方不尊重人的感觉。

如果你的手容易出汗，那么最好随身带备小帕子或纸巾，在与别人握手前，轻轻地擦拭，确保自己的手是干爽的。

若是对方的手心容易出汗，为顾及对方颜面，不宜当面人立即擦手。可随后找个机会去化妆间再擦拭。

随时保持手部干爽。

04 拥抱礼

拥抱礼是西方人很普遍的见面礼节。行礼时，二人相对而立，伸出两臂，右臂在上，左臂在下，相互拥抱，并以右边面颊轻轻相互贴面一下。

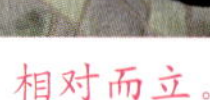

相对而立。

伸出两臂，右臂上，左臂下。

拥抱时以右面相贴一下。

05 贴面礼

关于贴面礼有一个很有趣的典故。据说是古罗马时代严禁妇女喝酒，男子外出回家后，通常要检查一下妻子是否有饮酒，便会凑到她嘴边闻一闻。之后，这种习惯和方式逐渐普及，就演化成今日见面时的贴面礼了。

贴面礼适宜在相熟的亲人或友人之间。而且为了尊重女性，只有在女方主动偏过脸颊时，男方才算得到“允许”的暗示，进行贴面礼。

行贴面礼时，是由右脸颊开始，先互相贴一下右脸颊，继而左脸颊，再轻碰一下右脸颊结束。

相对而立。

先互贴右面颊。

继以左面互贴一下。

最后再互贴一下右面颊结束。

06 吻手礼

吻手礼盛行于欧美上流社会的交际场合，属于异性友人间的一种高规格见面礼。要注意的是，男方在行吻手礼时，嘴唇不应紧密地亲吻女方的手，应以嘴唇轻微碰触女方指尖即可。

男士嘴唇轻碰到对方手指尖即可。

前述三种国际礼仪，对于向来讲究“男女授受不亲”的中国人而言，确实会让人有点脸红心跳、害羞的感觉。不过，随着国际化交流活动越来越多，建议大家大方学习，并了解这些动作在国际友人中，也只是一种普通见面礼节而已，无需过分拘谨。

第二章

用餐礼仪

用餐是最能看出文化素养的环节，不同场合、不同种类的料理各有其背后的文化意义，了解各国饮食文化，同样也是一种尊重。在餐桌上若能表现得优雅有礼，绝对是一件赏心悦目的事，令用餐气氛加分不少。

01 预约

与友人用餐，最怕到了餐厅后因没位子而扫兴，一般而言，尤其是高级餐厅，最好先进行电话预约，这样可以确保你和友人进入餐厅后，可以无需费时等候座位，更重要的是提前预约可以使整个用餐流程和细节流畅地进行。也因为事先的安排，可以确保座位符合你的要求，例如：非吸烟区或吸烟区，靠不靠窗，是否需要僻静的座位区域，是否需要房间等客。

理想的状况是提前 1 ～ 3 天先进行电话预约，去之前最好再致电确认一下。如果有事无法现身，记得打个电话通知取消，这也是基本的礼貌。

提前预约还有一个好处是，可事先在电话里查询该餐厅是否与哪些信用卡有合作优惠。有些信用卡可享不同的优惠，甚至“两人同行，一人免费”，或送餐酒、生日蛋糕等。如果你是主人家，善用这些安排，必可宾主尽欢。另外，有些特价餐券或餐卡在一般假日并不适用，事先在电话预约时查询，也可避免结账时的不快和尴尬。

02 带位入座

1. 候位

到达餐厅后，不宜自行就座。如果事先有预约，报上订位者的姓名后，等待领位人员带领入座。如果没有预约，应耐心等待安排。

向柜台报上订位者的名字，等待带位。

2. 入座

多数餐厅都设置衣帽间，以避免衣帽在用餐途中不慎沾到食物或吸取食物的气味。有些餐厅的服务生会协助宾客脱下外套，此时只需顺势将手抽出即可，不宜扭捏作态。脱毕也要记得礼貌地向服务员致谢。

脱下的外套可以挂椅背上，或者交给服务员保管。

服务生协助脱外套。

顺势将手抽出。

脱下的外套可挂椅背上。

若想把外套挂在椅背上，可请服务员在椅背上再加罩一个布罩来保护自己的外套，防止衣服被食物的汤汁溅污。

外套布罩。

女士随身的手袋，基于安全考虑，也不宜挂在椅背上。可以放置在自己身后与椅背间的空隙处，又或者可在自己座位旁，请服务员增置一张可供放物品的椅子或小桌子。

包包放在自己与椅背间的空隙处。

挂在椅背上其实并不安全。

大部分餐厅的带位服务员在引领客人入座时，会优先为年长者或女性拉开座椅，请他们入座。男士在入座前，也不妨绅士一点，为同席女性拉开座椅，请女士先入座。

挪开椅子：男士绅士的表现。

不论是中式、西式，或是日式餐厅，在座位安排上，都有因客人年纪、辈分而应注意的礼节。在这里以最普遍且基本的座位安排形式分别介绍如下：

A. 中式座位

中式宴会通常以圆桌为主，中国人向来讲究礼让、谦恭，所以主人的位子通常设于靠近门口处。而面对主人位的另一端即为主客位。再以主客右尊左次的方式来安排其他人的位子。

女主人可以坐在男主人的右手边，这和西式宴会上男女主人通常分开两边而坐的形式有所不同。

中式座位配置图。

B. 西式座位

西式餐桌普遍为长方形。通常西式宴会都会要求携伴参加。而且所有夫妻、情侣或结伴来的男女友人，会被主人家安排与其他客人隔位而坐。原因是希望大家能多加交流，发展人际关系。

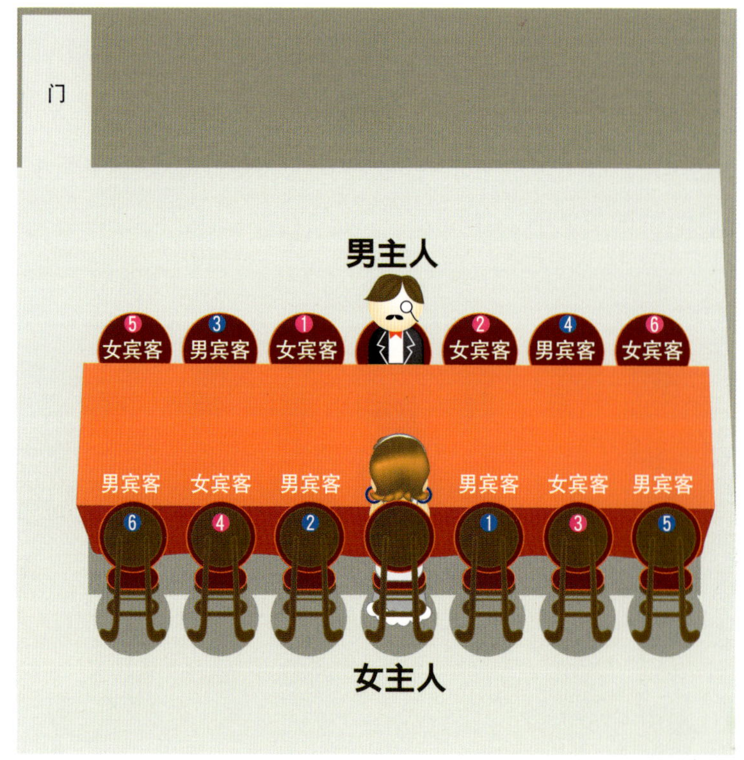

西式座位配置图。

C. 日式座位

在日式餐厅，也因辈分年纪而讲究主客席、末客席的安排。所谓主客席即宴席中辈分、地位最高者；末客席即指众人中，年纪最轻或职务、地位最低者。为表示尊重客人，末客席也可以是负责宴请的主人家。

主要原则就是尊贵的主客席应远离房门口，而末客席则安排在最靠近门口的位置，这样可以方便帮忙传菜、叫人或关门的动作。所以通常负责宴请的一方宜坐在近门口处。

日式座位配置图。

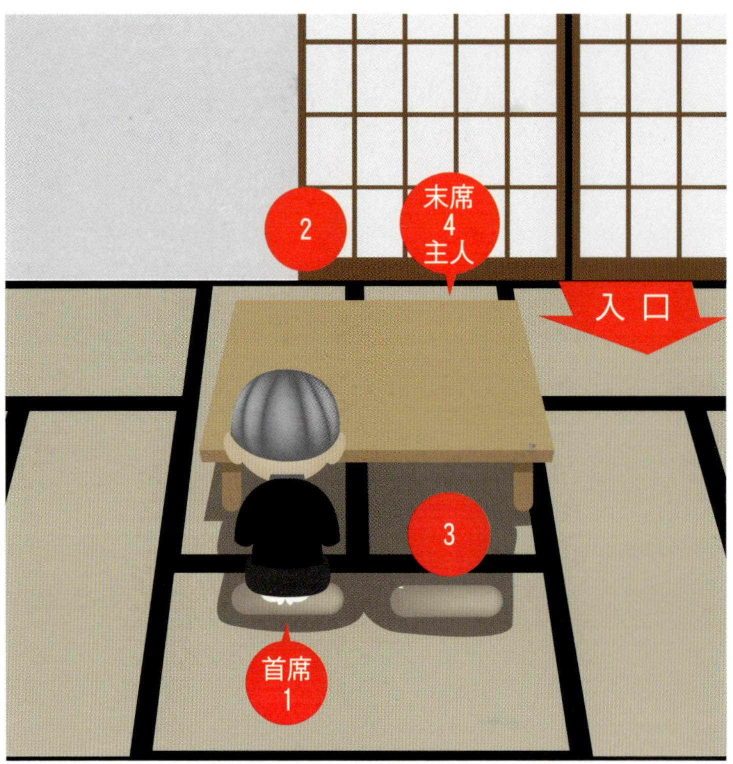

日式座位配置图。

小贴士

进入日式餐厅包间时，宜先面朝包间脱下鞋子，再将鞋子方向倒转，以鞋头朝外放下，并尽量把鞋子靠边、靠内放置，以免他人行走时不慎踢到，也方便自己离席时穿鞋。

面朝包间脱鞋。

将鞋子反转，鞋头朝外。

将鞋子靠边、靠内放置。

03 点餐

西式餐厅的菜单，内容大致分为几个部分：前菜（头盘）、汤、副菜、主菜、配菜（即马铃薯、薯泥、蔬菜……）、甜点。应根据自己的食量、胃口来选择，不是一定要全部都点。一般来说，单点一个前菜或汤、一个主菜，配上一道甜点就十分合宜。

另外，套餐也是很好的选择。基本上一个套餐就是前菜、主菜、甜点的组合，价钱还比单点划算一些。还有一些餐厅的套餐餐点，就是这家餐厅最受欢迎或最出名的菜肴，店家会提供已安排搭配的红、白餐酒，省去不少“苦思”的麻烦。

在一些高级西餐厅，给女士或宾客的菜单上没有标示价格，只有男士或宴请人的菜单上才会明示价格。这是出于让客人放下顾忌、大快朵颐的贴心考量。所以不宜大惊小怪地到处询问每道菜的价格。

在中式餐厅用餐，一般都由主人家负责点菜。如果主人家问到你有无喜好的口味或选择，不妨大方地说出一样自己想吃的菜肴，方便主人家点餐。

如果自己是宴请者，别忘了顾虑一下在场会客人有无食物上的禁忌，比如不吃牛肉、不吃海鲜等。

中国人请客时，习惯点上满桌菜肴，要让客人吃到吃不下了，才觉得有面子，但是这样满桌的剩菜剩饭会造成很大的浪费。现在环保意识抬头，建议大家在宴客时，宜着重菜肴的品质，分量上也可以和餐厅服务员商量，应人数做大、中、小的调整。如此这样可以做到宾主尽欢，又不致浪费食物。

小贴士

餐巾的使用

基本上，点完餐就可以打开餐巾了。使用餐巾是为了防止弄污衣服，所以餐巾是可以弄脏的。不过使用餐巾也有一些细节需注意：

把餐巾打开，对折后放在大腿上。餐巾开口应朝向膝盖，这样方便拿起擦拭嘴角。

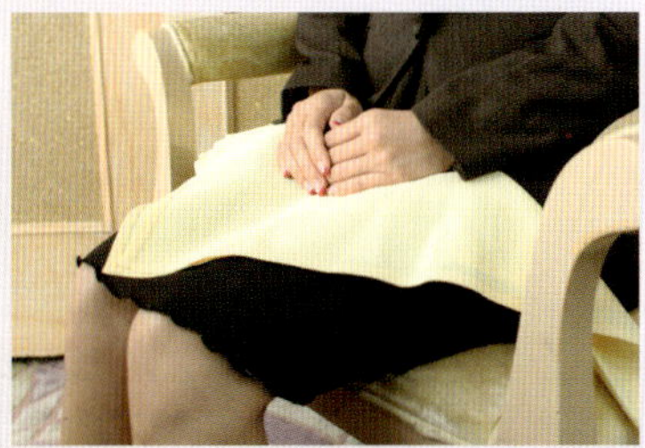

对折的餐巾，开口朝膝盖，可以折成三角形。

折成长方形也是可以的。

餐巾围在脖子上是不适宜的行为。

除非是儿童，否则不宜把餐巾围在胸前或脖子上。

使用餐巾擦嘴时，手拿着餐巾一端顺着嘴角轻轻一下一下地按压，不宜大力擦拭。

正确擦嘴应轻轻按压。

不宜大力擦拭。

餐巾可以拿来擦嘴巴。但用来擦拭嘴上的唇膏就不合适了。就餐前，应用自备的纸巾擦拭口红。

不宜用餐巾来擦拭桌上的餐具。尤其在高级餐厅，这是很没礼貌的举动。如果真觉得餐具不干净，请服务员换一套新的即可。

用餐巾来擦汗或擤鼻涕，也是十分不妥当的行为。

可以用纸巾擦口红。

用餐巾擦餐具是不适宜的。

不宜用餐巾擤鼻涕。

需要暂时离座时，把餐巾稍折好，放在桌上或座椅上都可以。把餐巾挂在椅背上，或随便一团堆在桌上，都不合宜。

用餐完毕，也是把餐巾折好放在桌上，就可以离席了。

正确放餐巾。

餐巾折放于桌上。

餐巾挂椅背。

餐巾随意摊放桌上。

西式用餐

很多人说到吃西餐，还是会有“害怕”、“麻烦”的感觉。其实使用西式餐具并没有想象中那么复杂，不用被这些刀刀叉叉的阵式给吓着。了解吃西餐的方法，学习西餐的用餐礼仪，可以尽尝西方各国美食，是人生一大乐事。

1. 餐具介绍

一般情况，餐具是这样摆放的。

使用顺序是由外而内，从吃前菜、沙拉用的刀叉开始，到喝汤的汤匙，主菜使用的一定是尺寸最大的那副刀叉。

如果用的是 4 道、5 道……甚至 8 道菜式的套餐，也不用担心，通常服务员会在下一道菜上桌前，先帮你换置下道菜的餐具。而不论你吃的是前菜或主菜，在用完或未用完之时，餐具的摆放方法宜合礼仪。

未用完时。

用完餐的摆法。

未喝完汤，汤匙放碗里。

喝完汤摆旁边。

边吃边挥舞刀叉，甚至用刀叉指人，都不适宜。

使用餐具时宜注意仪态，刀叉不宜互相碰触发出“锵锵”的噪音，惹人侧目。更不宜在说话时，拿着刀叉左右比划。

2. 吃沙拉

遇到大叶子的沙拉，可用刀叉切成较小块，就能方便食用了。

3. 喝汤、吃面包

喝汤时，舀汤的方向可以由内向外，或由外向内，这方面倒没有严格规范。需注意的是，喝汤时不要发出声音。应以汤匙就口，而非低头就着碗喝。

正确喝汤的姿势。

不宜埋头喝汤，低头就匙喝。

吃面包宜先用手撕成小块，再放入口中。

撕小块，放入口。

一次性撕成多个小块是错误的动作。

整片面包直接塞入口也是错误的。

涂抹奶油或沾橄榄油的方式：

将面包撕成小块来擦奶油。

把面包撕成小块来点加了黑醋的橄榄油。

如果喜欢把面包沾着汤吃，宜留意几个细节。

- 仍应把面包撕成小块来蘸汤吃。
- 蘸取汤的分量不宜太多，否则完全沾湿的面包“湿淋淋的”，容易弄脏桌面。

面包撕小块后再沾汤。

蘸取的量不宜太多。

4. 主菜

A. 肉排（牛排、猪排、鸡排、羊排、汉堡排）

吃肉排时使用的刀是锯齿状，适合用来切较韧的肉类。而切肉排时顺着肉的纹理就较容易切了。

轻松切肉排的仪态。

这样切肉排有点费劲，仪态也比较粗鲁。

刀顺着叉子的顶端顺着肉的纹理切。

吃肉排时，左手拿叉、右手拿刀（左撇子相反）从肉排边缘开始切，不宜先从中割切一大块，也不宜为贪方便就先把肉排一次切成多个小肉块。

不宜从中切割。

切成一盘小碎块不雅观。

小贴士

牛排吃几分熟？

3分熟（rare）：牛排表面熟了，切下去流出血肉汁。肉质呈鲜红色，鲜嫩。

5分熟（medium rare）：牛排切下去流出少许带血肉汁。

7分熟（medium）：肉中心呈粉红色，没什么带血肉汁流出。

全熟（well done）。

3分熟

5分熟

7分熟

全熟

其实可以在点菜时先询问服务员："厨师建议几分熟最好吃？"如果实在不喜欢带血的肉汁，七分熟应该还能吃到肉质的嫩度，全熟牛排的肉质会比较硬一点。

B. 海鲜

• 鱼肉

鱼肉细嫩易切，但切食时仍宜注意仪态。

以刀叉切取一口大小。

以叉送入口中。

• 大虾

西餐里作为主食的大虾或龙虾，通常厨师会将它们切成一半放至盘内，所以不需要大费周章地剥虾壳，不过以下还是为大家示范如何用刀叉处理带壳的大虾料理。

先用刀叉将虾头与虾身分开。

切一小段可入口的大小。

以刀按住虾壳，以叉子叉取肉。

这样便能轻松取出虾肉了。

- 螃蟹

吃螃蟹就要借用蟹钳与蟹针的帮助，直接用牙齿咬蟹钳肉是不雅观的。

用蟹钳将蟹壳压碎。

用蟹针或叉子取出蟹肉。

西餐礼仪中，直接用牙咬蟹钳是不合适的。

吃完螃蟹后，满手油腻，可以将手指轻轻放入洗指碗中清洗，但不宜整只手置入清洗。

正确洗手指。

不可整只手置入碗内。

- 生蚝、蛤蛎等贝壳类食物

可以一边用手轻按着壳边，另一手用叉子叉取里面的肉来吃。

吃完龙虾、螃蟹、生蚝等硬壳类食物后，可以将壳反过来摆放较美观。

以一只手轻按壳边，另一只手以叉子叉取里面的肉。

蟹壳、贝类壳反放较美观优雅。

C. 意大利面

吃长面条的意大利面，可以用叉子卷起4、5条面来吃。如果面条太过顺滑，可以用汤匙稍作辅助。

卷4、5条面。

以汤匙辅助卷面。

卷一大团面是错误的。

除了长面条形的意大利面之外，其实意大利面种类繁多，依形状区分，还有像水管的笔管面，像小猫耳朵的耳形面，像螺丝的螺丝面、贝壳面、大小蝴蝶结面，甚至有各种形状的面饺。这些面没有长条面那种顺滑的麻烦，吃起来比较简单。用叉子叉起或用汤匙稍稍盛起，即可轻松放入口中。

管状面以叉子叉起就好。

蝴蝶面就直接叉着吃。

小贴士

西餐用餐礼仪

嘴里有食物时不宜开口说话，吞咽后再讲话；与人交谈时也需留意对方是否正在进食。

嚼食物时应闭口慢嚼。

嘴巴有食物时不宜开口说话。

使用调味料（如盐或胡椒粉）或挤柠檬汁时，宜用另一只手稍作遮挡，避免汁、粉飞溅，弄脏别人的衣物。

使用盐或胡椒粉时以另一只手稍作遮挡。

挤柠檬汁时以另一只手稍作遮挡。

5. 甜点

A. 蛋糕

用叉子将蛋糕切成小块食用。

用叉子优雅地切取一口大小的蛋糕。

B. 水果

在西餐厅吃水果也要注意仪态，不宜用手直接拿取食用。

整片西瓜拿起来吃不甚雅观。

先将瓜肉与皮分割开。

切片。

再切成小块，这样刚好一口。

哈密瓜的食用方式也是如此：

哈密瓜先用刀分割肉与皮。

再切瓜肉。

叉取一口的分量。

用手拿整块哈密瓜来吃有失形象。

小贴士

在友人家作客，主人供应葡萄、香蕉之类的水果，应该如何优雅地进食？

食用葡萄的方法

先用手剥皮。

挤肉入口。

把皮放至盘中一角。

以手接吐出的葡萄籽放入盘中。

食用香蕉的方法：

把皮剥开。

以刀叉切段。

叉取一小口的分量。

整根拿起来直接咬着吃很不雅观。

C. 喝咖啡或茶

坐直身子，拿起杯子来喝。

用小匙喝咖啡是不合宜的。

咖啡杯和茶杯的正确拿法，应是以拇指和食指捏着杯把再将杯子端起来喝。

要加糖时，可用小匙舀取砂糖放入杯中，或用糖夹子把方糖先夹在碟上一侧，再用自己的小匙将方糖放入杯中。如果直接用糖夹放方糖入杯内，可能会使汁液溅出，弄污衣服或台面。

用糖罐的小匙舀糖。

放糖。

用自己杯碟上的小匙来混合。

用糖夹来夹糖。

用自己的小汤匙舀起方糖，可以手辅助。

用自己的小匙把方糖放入杯中。

小贴士

喝咖啡、喝茶时的小叮咛

咖啡或茶太烫时，可以用小匙在杯中稍搅拌一下使其冷却，或放置一会让它自然冷却。不宜用嘴巴去把咖啡或茶吹凉来喝。喝咖啡或茶也不宜发出声音。

可以搭配吃些小饼干、小点心。比较优雅的做法是吃点心时应放下杯子，喝咖啡或茶时就放下手中的点心。不宜右手拿杯子，左手拿点心，吃一口喝一口交替进行。

喝咖啡时要放下饼干。

吃点心或饼干时就放下手中的杯子。

避免这样一手拿杯子，一手拿着点心。

喝咖啡时，应该先加糖还是先加奶呢？其实糖和奶并没有什么冲突性的化学反应。不过为了保持刚冲泡出的饮料温度，大部分人会先放糖，待糖溶解后再加奶。

6. 餐酒

其实喝餐酒已是当今饮食文化相当普遍又受欢迎的一环。许多人更喜欢钻研红酒，红酒是一门有趣的学问。在这里为大家介绍一些最基本的餐酒入门知识及礼仪。

A. 选酒、试酒

点餐之后，可以根据自己所点的菜式，选择餐酒来做搭配。一般西餐厅备有 wine list（酒的餐牌）供客人选择。酒单上开头一、二页通常是 wine by the glass 的选择，意即餐酒是以一杯的分量来提供的。如果席上人数不多，又或者同桌人士并非个个都喝酒，那么 by the glass 是不错的选择。否则，点选一瓶餐酒可能比较划算。（基本上，一瓶 750 毫升的酒可以斟出 4 ~ 5 杯的分量）。

如果你心目中已有要选的餐酒品牌，可以向服务员或品酒师询问。若该餐厅没有这个品牌，可以请品酒师代为介绍相似产区，或相近口味的餐酒。

又或者你可以向品酒师稍描述一下自己喜爱的餐酒口味（例如：爽利、清新的白酒，果香丰富的白酒；柔和清淡的红酒，或圆润厚实的红酒。），请品酒师代为推荐几款酒牌中的餐酒，再选择符合你预算的酒。

点完餐酒后，很重要一个步骤便是开瓶了。

服务员或品酒师会取出你所点的酒先让你过目，这时宜察看品牌是否无误，再点头示意即可以开瓶。

服务员会在顾客面前开酒。如果点的是香槟或白酒，开瓶前后都应是冰镇的，开瓶后置于冰桶内保持冰凉。如果点的是红酒，则宜等红酒先“呼吸”（让酒呼吸即是一种氧化作用）一下才饮用。

当服务员将酒倒入杯中约一小口的分量时，就是请客人试酒。试酒者通常是宴席的主人或是请席上的主要客人担当。

试酒的流程：

1. 先拿着酒杯，将杯身稍向外倾斜，对着光欣赏一下酒的颜色。

2. 作一下晃杯的动作。即是把酒杯往自己方向稍摇晃一下。（右手者逆时针方向，左手者顺时针方向），晃杯的目的是借此释放酒的香气。同时也给酒更充足的氧化时间。晃杯时动作要轻柔，别把酒晃洒到了杯外，弄污桌面。

3. 然后低头用鼻子嗅一下杯内的酒香，体会一下味道的芳香。

4. 最后可以喝一口酒了。让酒在嘴中充分接触到口腔中的所有部位，品尝一下酒液的圆滑平顺。

这时如果你尝出腐霉味，那是酒已变质，可以要求换一瓶。一般高级西餐厅的品酒师此时也会自己喝一口，确认一下，然后为你更换。如果试酒满意，便可以示意服务员继续斟酒了。

回味酒香。

B. 斟酒

一般而言，斟酒自有服务员服务，不宜自己斟酒。

例外情况是身为男、女主人家，想为客人斟酒以示欢迎好客之意。但这时斟酒也有要注意的细节，就是最好别把酒斟得太满，最多倒至杯中三分之一处就好。因为要留有足够的空间，才不致让客人在晃杯时把酒洒到杯外。而且有的杯内充足的空间，也可令酒从中释放香气。

分量适中。

酒倒得太多了。

专业服务员斟酒时会把瓶身的标签朝向斟酒的对象，让客人清楚看到所喝的餐酒品牌。斟完时转一转瓶身，以防止酒汁滴下。

专业斟酒：

把瓶身的标签朝向斟酒对象。

倒酒。

斟完转一转瓶身，擦拭一下，以防酒滴下。

可以享用了。

C. 认识酒杯及拿法

鸡尾酒杯

以手指捏住近杯脚底座的部分。

香槟杯

以手指捏住近杯脚底座的部分。

白酒杯

以手指捏住近杯脚底座的部分。

红酒杯

以手指捏住近杯脚底座的部分。

干邑杯

手拿着杯身即可。

D. 饮酒

在宴会中，女士喝一口酒的分量不宜太大口，而且除非主人家要求干杯，否则不宜每一次都一饮而尽，每一次应以小口品尝为主。

喝酒前最好先用纸巾把口红轻轻擦干净（不宜用餐巾），防止在酒杯上留下口红印痕。如果杯子还是沾到口红，可以趁人不注意时，在桌面下用纸巾稍作擦拭。

在桌面下用纸巾擦杯上的口红印。

E. 餐酒入门

鸡尾酒是什么？

由两种或两种以上的酒和果汁等饮料混合而成的酒精饮料。通常鸡尾酒会在宴会前或在餐前饮用。也有些人喜欢在用餐完毕后，喝一杯鸡尾酒当做甜点。

大都会。

较普遍又适合女孩子喝的鸡尾酒有：

a. Cosmopolitan：大部分酒吧翻译为“大都会”。

其实就是一个大杂烩的调酒，

成分有小红莓汁、柠檬汁、杜松子酒（Gin，又称金酒）或是加伏特加酒（Vodka）混合而成。

螺丝起子

b. Screwdriver：译名螺丝起子。

成分是伏特加酒加橙汁。

c. Magarita：中文为玛格利特。

主要成分是 Taquila（龙舌兰）加鲜柠汁，杯沿会沾有盐粒。

d.Mai Tai：有些酒吧称之为“迈太”。

在热带岛国的度假地方特别流行，成分有凤梨汁加黑色莱姆酒（Rum）。

e.Lo× Island Iced Tea：长岛冰茶。

算是入门者之选，成分主要是杜松子酒（Gin）和莱姆酒（Rum）加龙舌兰酒（Tequila）加伏特加酒（Vodka）加 triple sec（一种橙味果汁）加 sour mix（柠檬汁与糖浆的一种混合物）。

玛格利特

迈太

长岛冰茶

荔枝马丁尼。

f.Martini：马丁尼。

是一种经典鸡尾酒。较受女生欢迎的马丁尼鸡尾酒分为两种：

Lychee Martini（荔枝马丁尼），成分为杜松子酒（Gin）或者伏特加酒（Vodka）加苦艾酒（Vermouth）加糖浆加荔枝酒。

Apple Martini（苹果马丁尼），顾名思义就是以上成分再加些苹果味的果汁或苹果酒。

苹果马丁尼。

香槟是什么？

在法国香槟酒区内的法定区域里生产的起泡葡萄酒，才能称之为“香槟”。在此地区外生产的就只能称为“气泡酒”（sparkli× wine），价格当然也差一截，香槟比较昂贵。

香槟。

香槟（或气泡酒）通常在用餐前喝，不过这没有什么严格规定，有些人也喜欢用各种牌子或有年份的香槟，搭配料理一起享用。不过一定要冰镇后饮用。

好香槟的标准是气泡密集、幼细且持久，口感均润不酸涩。

开了瓶的香槟应一次喝完。因为喝不完的香槟不论怎样保存，第二天气泡量一定大不如前，变得无气无力。所以如果人数少，不妨考虑选择 375 毫升装的小瓶香槟。

葡萄酒是什么？

a. 白葡萄酒：俗称白酒，就是用白皮白肉，或红皮白肉的葡萄经去皮发酵而成的，酒体的主要颜色为黄色。

b. 红葡萄酒：俗称红酒，就是用红皮白肉，或皮肉皆红的葡萄，带皮发酵而成的，酒体为红色色调。

c. 粉红葡萄酒（Rose）：用红葡萄，只在发酵或榨汁过程中使葡萄皮短时间参与其中，所以葡萄皮内的红色素只有少量一部分渗入到酒色中，酒的色调是粉红色。

各款葡萄酒。

要评判一瓶葡萄酒好不好，其实没有一定的准则。因为品酒其实是十分个人的体验，主要是取决于个人喜好。有些人喜欢法国葡萄酒的细腻，有些人钟爱新世界葡萄酒（美国、澳洲、智利等产区）的明快直接。若是对葡萄酒这门学问感兴趣，不妨参加一些坊间的品酒课程，学习用更专业的角度去欣赏各个产区的酒。

开瓶后的葡萄酒若喝不完，可以用真空酒瓶塞封存，或是把原来的软木塞调头塞回去，瓶身直立置入冰箱保存。如果懂得封存，葡萄酒放置个 3 ～ 5 天应该不是问题，但仍宜在这段期间尽快喝完。

小贴士

葡萄酒如何与餐点搭配？

用餐时通常以冰镇的白酒搭配白肉（家禽、海鲜等称之白肉），因为白酒的果香、花香较重，配合海鲜鱼虾更能带出鲜美的味道。

用餐时通常以红酒搭配红肉（牛肉、羊肉、猪肉等哺乳动物的肉）或味道较浓郁的菜式。因为红酒色泽及味道较丰厚，搭配红肉菜式相得益彰。

红酒适合常温下饮用。讲究喝红酒的人士，对于红酒加冰或混合绿茶、汽水的喝法是很不以为然的。虽然没有硬性规定红酒只能单喝，但在一些高贵的西式宴会场合，混合红酒的喝法是有点贻笑大方的。其实红酒依其葡萄品种的不同，呈现的香味可以是清香或浓郁等多层次的，不妨学习品尝、欣赏。若还是喜欢甜味的饮料，则单点一杯汽水或果汁较合适。

粉红酒通常是冰镇后饮用，具备白酒的适饮温度，又有果香饱满的红酒气息，如此多元化性格，使它能搭配的菜系相当多，从海鲜、意大利面到汁稠味浓的料理，都可尝试一番。尤其天气热，不想喝常温的红酒时，用粉红酒搭配料理，有清新消暑的感觉。

烈酒是哪些？白兰地和威士忌？

简单而言，烈酒是用已酿制好的酒再经一次或数次蒸馏所得出的高浓度酒。常见种类有白兰地、威士忌、伏特加酒、莱姆酒、杜松子酒。最普遍的要算是白兰地和威士忌，餐前后或进食中都能享用，不过大部分人在饭后饮用。喜爱这类烈酒的人士享受欣赏烈酒如琥珀般的色泽，还有它深沉刺激的味道。能称得上是烈酒，酒精浓度少说也在35％以上。不胜酒力的人要量力而为。

05 自助式用餐

现在很多商务酒会流行采取自助餐的形式。一些高档的大酒店也常规性设有 Sunday Brunch Buffet（周日早午餐式自助餐）。

自助餐顾名思义就是食用者主动去取用自己喜爱的菜式。比起正式西餐场合，吃自助餐的气氛轻松许多，但仍宜注意一些基本礼仪。

1. 参照西餐礼仪

吃自助餐用的是西餐餐具，使用的礼仪参照前面的章节（040 页）。

2. 离座取菜前的餐具摆放礼仪

由于可自由选用菜色，吃完一盘后，想要离座去取另一盘菜式，旧的餐盘可以放在桌上。服务员会过来为你收走这个盘子。刀叉等餐具则可如下图所示放置，等回座位再使用。或放置大盘中，待服务员收取。再请服务员准备一副新的刀叉让你回座时使用。

刀叉等餐具可以放在面包碟中待回座时使用。

3. 先来后到

取菜时宜注意先来后到，依序排队。

舀取菜肴时，尽量不要挑三拣四，把菜式排列弄得“惨不忍睹”，破坏了后面取用者的食欲。

若菜肴的器皿有盖子，也宜记得在自己取菜后顺手把盖子盖上，以保持食物的温度和卫生，方便后面的顾客。

依序排队取用。

4. 分量适宜

喜欢的菜式吃完后可以回来再拿，这就是自助餐之意，完全提供客人多次取用。所以不宜为了贪方便，把食物在盘中叠得像一座小山，这样是有失仪态的。

拿取过多食物有失礼仪。

小贴士

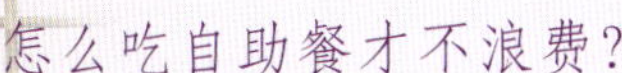

怎么吃自助餐才不浪费?

现在许多星级酒店提供自助餐，价格不便宜。那么，应该怎么吃自助餐才既符合经济效益，又不会浪费食物?

建议由冷盘开始，可以先挑选一些冷盘海鲜、现切火腿等平日单点属于高单价的食物。别忘了饮食均衡，所以绿色蔬菜不可忽略。

汤水类可以少量进食一些，不过许多浓汤含有奶油成分，再配以面包进食，就很容易有饱足感了。所以喝汤的分量要以自己胃的容纳度作衡量。因为后面还有主菜及甜点。

主菜部分也宜尽量挑选一些平时单价较贵的海鲜，如龙虾、鱼、虾、蟹等等，再搭配进食一些牛肉、羊排、猪排……

甜点部分，宜先选择乳酪、蛋糕，切成迷你的分量，可以多品尝一些不同的口味。

其实吃自助餐是贵精不贵多，毕竟把胃吃撑了，可能对身体有害，得不偿失!

06 中式用餐

身为中国人，我们每天吃中餐，更应注意了解用餐礼仪，把这些养成好习惯，融入日常生活中。否则坏习惯一旦养成，在宴会场合的饭桌上，所有不合宜的举止会无所遁形，惹人笑柄。那么，不论你的穿戴有多光鲜华丽，也弥补不了你在别人心中“没有修养”的印象。以下指出的细节需注意。

1. 坐姿

进餐也讲究“坐相”。挺直腰背坐好、坐正，给予人良好的印象。七扭八歪地瘫在座位上，或者用手撑着脑袋等姿势，毫无美感，给人随便、不庄重的感觉。

正确坐姿。

这样的坐姿太过随便。

两手肘不宜撑得太开，干扰邻座。

吃饭菜宜用筷就口。

不宜低头就着盘子吃。

不宜用手托着头。

2. 使用餐具

培养正确的习惯，了解如何优雅地使用中式餐具，使之成为日常生活的一部分。

A. 碗具

优雅地喝汤仪态，喝汤时不宜发出声音。

手肘撑着桌台吃东西，有失仪态。

食用碗内食物时，应以筷、匙辅助。

B. 筷子

说话时不宜忘形到用筷子指指点点。

不宜把筷子插置饭碗内像插香一样！

不宜将筷子留在口中回味，甚至发出啧啧声。

不宜用筷子剔牙。

用筷子把盘子移到自己面前是不礼貌的。

就餐时用一只筷子插盘中的菜肴不雅观。

C. 食盘

放在自己面前的食盘，虽是供自己所用，也要注意盘中食物的放置不宜太过“脏乱”。尤其是鱼刺、骨头之类的吐出物，集中置于盘中一角，然后请服务员更换新碟，尽量保持自己桌面的整洁。

将鱼骨残渣放在盘中的一角。

不要放在桌面，影响桌面清洁。

3. 使用转盘的礼貌

在宴席桌上使用转盘，留意一些小细节，不要给人留下“自私自利”、“只顾自己”的坏印象。

A. 优雅地使用转盘。

宜先把筷子放下，再用手转动转盘。

一手拿着筷子，一手转动转盘，给人心急的感觉。

更不宜用握着筷子的手直接转动转盘。

B. 注意礼貌，不宜在别人正在挟菜时转动转盘。

C. 转动转盘时的速度不宜太快，避免菜汁、汤汁飞溅。

D. 留意别人的动作，不宜只顾自己而转动转盘。

E. 转盘速度适中，给人从容合宜的感觉。

4. 中式饮酒文化——斟酒、敬酒、干杯

现代社会的各种社交场合，跟人喝酒是增展人际关系重要的“武器”之一。不过一定要对自己的酒量有所认识，以免喝醉后仪态尽失。

A. 斟酒

一般而言，斟酒的动作请服务员执行就好，女孩子更不宜自行拿起酒瓶为自己或他人斟酒。例外情况是，如果你是宴请者，那么为客人斟酒倒可视为是一种热诚好客的礼貌，但为人斟酒不宜倒得太满，适可而止。

宴请者为客人斟酒。

B. 敬酒

敬酒在宴会过程中也是一项重要的礼仪。

如果你是客人，敬酒是向主人家表示谢意。但要注意在座各人的辈分年纪，最好先等比自己年长者或比自己辈分高的客人向主人家敬酒后，自己再行向主人家敬酒致谢。之后也别忘了向其他年长人士敬酒，以示尊敬之意。

如果你是主人家，也应在聚过程中向与会者敬酒，以表示感谢大家赏光。

敬酒时宜用双手，右手拿杯身，左手托住杯底，把杯子举至适当高度，若对方是长辈，则杯子不宜举高过对方的杯子高度，两眼直视对方，表示尊敬。

敬酒宜以右手持杯，左手辅助托底，举至适当高度。

对方若是长辈，杯子不宜高举过对方。

C. 干杯

中国人喜欢“干杯”。在社交场合中“干杯”声不断，这也的确能使场面气氛欢乐，人与人之间热络不少。

干杯的动作和敬酒的动作一样，也是右手拿着杯身，左手托着杯底，等干杯提议者（或是自己）说完祝贺词后一饮而尽。

如果你不是喝酒人士，此时仍宜手举水杯做做样子，以表自己参与庆贺之意。

自知酒量不好，不适宜一饮而尽，把杯子放在嘴边抿一下，也是比较礼貌的表现。

聆听对方的祝贺词。

一饮而尽。

展示杯中见底，以示诚意。

5. 挟菜的礼仪

中式宴席上，上菜的方式有两种：

1. 服务员呈上菜式后，为客人分菜。此方式为大家省去不少麻烦。

2. 服务员呈上菜式后，由各人自己挟取。这时应注意挟菜的优先顺序，例如请长辈先动筷挟菜。自取时挟菜的分量要适中，一次就挟取一大部分的菜肴放入自己碟内，显得贪心又自私。

服务员分菜后，客人自行拿取，省去不少麻烦。

这时应注意礼貌，不妨为他人或长辈服务一下。

A. 公筷母匙

现代人注重个人卫生，中式宴席上挟菜宜用公筷母匙。如果桌上没有预备，可以请服务员立即设置几对。

B. 长辈起筷

不宜在众人未开动前，自己先挟菜吃起来，也不宜抢先给自己夹菜，这样显得自私无礼。

若在座有长辈，更应请长辈先起筷。作为晚辈可以先把菜肴转至长辈或主要客人面前，请他们先起筷，或者可以主动为长辈挟取菜肴。

自己挟菜显得自私无礼。

应请客人先挟菜。

C. 挟取面前的菜肴

挟菜的顺序应从自己面前的部分挟取，不可乱翻或只挑自己喜爱的。

用公用筷子从自己面前的区域挟起。

D. 看准落箸

如果是鱼、鸡块类的菜肴，挟菜时应先看准自己想要的部位再落筷挟取。若在盘中东挑西捡，是有失礼仪的。

不宜在菜肴中挑三拣四，惹人讨厌。

E. 使用调味品

从公碟中拿取调味品，如醋、酱油，要记得使用公用筷、匙。若直接把食物放入公碟中蘸取酱汁也是不合礼仪的。

先以公用匙取酱汁。

可以把酱汁放在自己盘中或汤匙上。

直接把食物放入公碟蘸汁是不合宜的。

6. 食用的礼仪

食用菜肴的礼仪就是所谓的“吃相”。尤其吃鱼、虾蟹等较难处理的海鲜，怎么样才能吃得优雅，又不至于因为顾忌而吃不饱？建议参考下述的方法。

A. 吃鱼的时候，记得用公用筷子挟取。

图中的餐厅设置是黑色为公用筷子，白色为自己使用的筷子。

吐出的鱼骨等残渣类不要的部分，应置于自己碟内，再请服务员更换，不应将这些东西置于桌上。

优雅地用筷子夹出鱼刺、鱼骨头。

黑色为公筷，白色为私筷。

用筷子从口中挟出鱼骨鱼刺。

直接用嘴把鱼骨吐出实在不雅。

B. 吃虾、蟹

如何把带壳的虾蟹吃得优雅？以下是建议的食用方法。

吃螃蟹要借用专用公具，请参考前面西餐吃蟹的内容。（50页）

吃虾：

用手剥开虾头与虾身。

捏着虾尾，另一手剥开虾壳。

虾壳放至盘中。

吃海参可用汤匙辅助。

吃面可用汤匙辅助。

吃海参、面条等滑溜的食物可以用汤匙辅助，以免食物滑落时溅起汤汁或产生菜肴“飞射”四处的窘境。

07 日式用餐

很多人爱吃日本料理。日本料理食材新鲜，烹调方式也讲究原汁原味，的确是低热量里、低脂的食物，无怪乎受到众多女性的欢迎。不过，大多数人喜爱吃日本料理，但却对于吃日本料理的礼仪不太讲究。这在事事重视细节规范的日本人眼里，可能真有不堪入目的感觉。所以建议大家对吃日本料理的礼仪要有些了解，那么不论以后是去日本旅游，或是与日本友人同席时，更能得体地展现我们“礼仪之邦”的风范。

吃日本料理，从进入餐厅到座位安排，在前面第二章“带位入座”（25 页）里已有叙述。以下就最普遍的吃生鱼片与寿司的方法作些介绍。

1. 生鱼片

一般来说，中国人吃生鱼片用芥末的方式和日本人不同。日本人吃生鱼片时，只蘸取少量芥末，主要是吃出生鱼的原味和鲜度，但大部分中国人习惯先挖取芥末与酱油搅拌均匀成酱油膏，再将生鱼片蘸着酱油膏食用。

正确的方式不是用涮的，建议蘸佐料时，不妨只轻轻蘸取食物的前三分之一段。

更适宜的方式是可以学习日本人的吃法，先把芥末取少许到生鱼片上，再将生鱼片点取少许酱油入食。

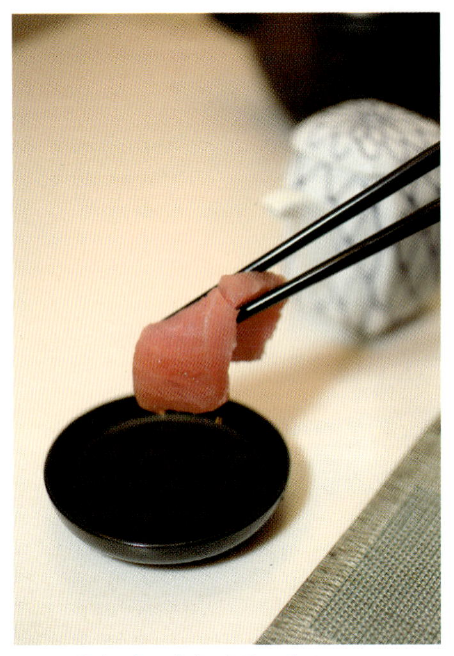

轻轻蘸取食物的前三分之一。

芥末取少许放在生鱼片上再蘸酱油。

每块生鱼片的分量已经切到适合送入口的大小，所以宜一块一口吃掉。特别是有些鱼肉是不容易从一半咬断的，如果将生鱼片狼狈地乱拉扯一番，这也很不合礼仪。

2. 握寿司

许多人食用握寿司时，习惯直接用寿司的饭面去蘸大量酱油，这在日本人眼中是不懂吃寿司的手法。建议食用方式为：

1. 先用筷子蘸取少许芥末抹在鱼肉那一面上。有些寿司内里已有一些芥末，所以可以省略这一步。
2. 再用筷子轻轻蘸取少许酱油画在鱼肉上，然后一口把寿司吃掉。

先取一些芥末放在鱼肉上。

再抹上酱油食用。

更高端的手法是：用手拿起寿司，迅速倒转过来，把鱼肉那一面轻轻蘸取些许酱油，再整粒送入口中。

将寿司反转，以鱼肉面蘸酱油。

鱼肉前三分之一蘸到酱油。

一口吃掉。

用这个方法要小心在倒转寿司时，鱼肉很容易会掉落下来引起尴尬，所以事先练习一下较好。

小贴士

用餐中途突发小意外，该如何处理？

不慎打翻水杯、酒杯或食物时，不用慌乱，镇定地请服务员代为清理就好。尤其是打破杯子时，如果自己慌忙舍取，可能割伤自己，所以让服务员整理就好。

衣服不慎被弄污时，也不妨大方地向同桌友人说声“不好意思”，然后离席去洗手间整理。（离席时注意餐巾应放置好。）餐具不慎掉落地上时，记得先向众人致歉，再请服务员代为拾取，并更换的餐具。自己弯腰到台下捡拾是不太合适的。

进食中途打嗝，或有其他不舒服之处（例如不停流鼻水、咳嗽不止等），宜先用餐巾掩口、静缓一下，待问题过后，向众人致歉。若是问题比较严重，也可在向众人致歉后，去洗手间整理。情况不秒到无法继续用餐，则应提早离开回去休息。

建议大家进入高级餐厅或宴会前，先把手机铃声调到震动模式。其实很多私人会所或高级餐厅在门口都会张贴“请关掉手机”的告示。万一自己疏忽，在宴席途中手机铃声大作，应立即先把声音关掉，向众人致歉，再到餐厅外找个僻静之处接听。

08 结账（小费）

用餐完毕，请服务员把账单带过来即可结账。大部分餐厅都接受信用卡付款。不过如果在预约时事先咨询餐厅，确认可使用的信用卡种类是更保险的方法。有的餐厅提供使用某些信用卡可享优惠的折扣，如果你事前先确认好，更保障你能享用的优待。

小贴士

小费的给法

给小费是感谢服务人员周到服务的一种礼仪形式。而全世界（美国除外）几乎所有餐厅都在结账单上加收了10%～15%的服务费。如果你对刚才的服务非常满意，可以再多给5%～10%的金额作为小费。

美国大部分餐厅是不加收服务费的，所以留意在结账时，自己要加付最少15%的数目作为小费。

如果你不肯定账单里是否已包括服务费，不妨直接询问。问清楚了再决定给不给小费，或者给多少小费。

09 离座

离座后，建议不忘把椅子挪向桌子方向，与桌子靠拢。但小心别制造出噪音。

离开时，别忘了把椅子挪向桌子方向。

第三章

日常生活行为举止

1 坐、立、行
2 乘车
3 谈话
4 衣着
5 妆容

魔鬼藏在细节里。越平常的生活小事，要是能留心注意，就越能展现出各人的素养。本章节囊括了日常生活举止的礼仪细节，让你能由内而外自然地散发优雅迷人的气质，成为一位进退得宜的女孩。

坐、立、行

坐、立、走路是肢体语言，如果想给人留下的印象是有气质、落落大方又有自信的话，就要留心这些肢体动作的礼仪。

1. 坐姿

端正坐姿予人有仪态的印象。歪七扭八地横躺在椅子上，让人感觉随便、没有规矩。良好的坐姿为只坐在椅上前二分之一段，这样也帮助你腰背挺直。提醒大家，如果有抖腿的习惯，应立即改善。

正确的坐姿。

两腿交叠时，也可以这么坐。

2. 站姿

良好的站立姿势，除了表现出你优雅的仪态，对于腰背骨骼也有养护的功能。相对而言，不好的站姿，就会对腰椎背脊造成负荷。

模特儿走台步训练，或是一些礼仪训练班的导师，会建议拿一本书放在头顶来练习，因为为了不让头顶的书本掉下来，头、颈、肩、背就必须保持一条直线，而这恰恰也是正确站姿的要素。

头、颈、肩、背呈一直线。

练习久了，姿态就会正确。

优雅的正面站姿

有失仪态的正面站姿。

3. 行走

行走是动态的身体语言。自然、自信、抬头挺胸地行走，表现出一个人优美的姿态。而且正确的走路姿势，也关系到脊椎骨骼、膝盖关节的健康。

想象以头顶着一本书的感觉行走，挺胸，两手轻松摆动，给人自然、有自信的感觉。

驼背、低着头走路，给人小家子气的感觉，对身体骨骼也有不好的影响。

行走间不宜边走边穿脱衣服，不论有多急，穿脱完外衣再行走。

小贴士

穿高跟鞋走路

大部分女生对于高跟鞋是又爱又怕。爱的是穿高跟鞋的确能展现出婀娜多姿的美丽风情。怕的是穿上高跟鞋走路，一步一惊心，驾驭得不好，一拐一拐的姿势难显美态，还可能扭伤脚踝，甚至造成跟腱炎、拇囊炎。

在这里提供一些建议：

想要穿高跟鞋走路走得自然又摇曳生姿，还是要在家中练习。练习诀窍在于身体重心的维持。走路时，身体重心不是偏移在某只脚上，而应把重心保持在中间。迈步时，因为鞋跟高，所以应以脚尖着地，让迈出的脚尽量踏在一条无形的中轴线上，用这样的方法来保持平衡。不宜用脚跟着地，发出“叩”、“叩”的声响，给人很笨重的感觉。

以脚尖着地。

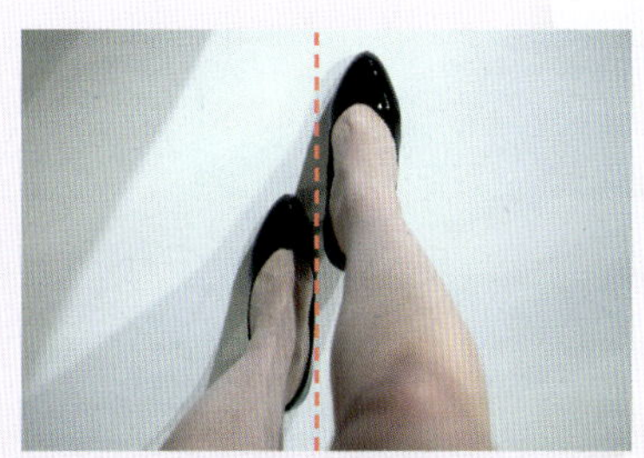

想象有条中轴线。

用脚尖着地会显得笨重。

可以在鞋子的前脚掌或跟部部位这些受压处放软鞋垫，减低脚底承受的压力。

除非有特殊需要，否则选择高跟鞋的跟度不宜太高，一般6～8厘米的高度，足以令你足下生姿，也是比较容易应付的高跟鞋高度。

穿完一天高跟鞋，脚部酸痛紧绷，可以用温热水浸泡双足，并做些足部按摩舒缓松弛一下。万一扭伤，一定要及时就医治疗。

4. 蹲姿

蹲姿其实是不太优雅的一种姿势。在公众场合、大街小巷蹲在地上休息或等候是不文明的举动。不过遇到东西掉落地上等意外，还是要蹲下来捡拾，以下示范比较优雅的蹲姿。

不论是穿裤子或裙子，下蹲时宜双膝并拢，另一手可以稍护胸前，防止走光。

直接弯腰捡拾看起来比较狼狈。

平时当街蹲着等人或休息极无仪态。

02 乘车

现代人日常出入，搭乘交通工具是再平常不过的事。公共汽车、出租车是属于公众的空间范围，所以一些关乎公德心的礼仪细节应予注意。

排队等车是基本的礼貌行为。在机场、火车站、酒店、宾馆门口一般都画有候车区，应遵照规范在这些区域排队等车。

马路如虎口，在马路中间叫车是很危险的行为。如果一定要在马路上叫车，应选择一些靠边的区域比较安全。

坐在公共交通工具的车厢或小型汽车车厢内，应注意保持车厢空间清洁，不宜随地丢弃果皮纸屑等。打开车窗向外丢弃垃圾更是不文明的举动。有垃圾应该先想办法包起来，下车后找垃圾桶丢弃。

1. 优雅的上车仪态

保持优雅的上车仪态，在任何时候都是从容不迫的。

先把臀部落坐车内。

再将双腿并陇、一起移入车中。

身体坐正。

2. 下车时

下车时不宜急急忙忙。有些女性下车时一脚踏出车外，上半身还在车厢内等着司机找钱，这些都是有失仪态的。

先将双腿一起提出踩落地。

再从容不迫站出车外。

单脚横跨上下车有失优雅。

03 谈话

说话是一门艺术，不论是公共演讲，或是一般商务交际场合与人交谈，怎么样才能说话得体，说得吸引人，让人感觉你是一个有修养、有内涵的人，这些都是值得钻研的学问。现在坊间也有很多教人如何说话的速成课程，证明大家对说话艺术的重视。以下提供一些与人谈话的基本要点，给大家作为参考。

1. 要学会做一个好的谈话者，首先要学会做一个好的聆听者

与人谈话时，不宜事事以自己做主题。光说自己的事，也只会显得你眼界狭小。应该要懂得关怀对方，让对方也说说他自己的事。在对方说话时静静聆听，不时给予一些反应，让对方有受到尊重的感觉。

2. 眼神亦是重要一环

在做公开演讲时，目光不时环视全场，这可以让听众感觉你是在单一和他说话。私下交际场合和人说话，眼睛亦宜不时与对方眼神接触，表示你正专注于彼此的谈话内容。才不会给人敷衍、不重视对方的感觉。

3. 你的谈话内容直接关系到你的内涵

建议平时多看报纸、多看书，这是最简易快速充实自己的方法，丰富你和人说话的话题和内容。要是遇到自己不了解的话题，倒不妨

多听听他人的见解，不需急着发言。如果勉强发表意见，反而有可能自暴已短。

4. 别人正谈话时，不宜随意插话进去

打断别人的话题是极无礼的行为。除非有紧急事故，先致歉说声“对不起……”，再迅速交代自己要说的急事内容。否则，应等别人说话告一段落，才引入自己要说的话题。

5. 多说礼貌用语

培养习惯，多用一些礼貌性用语，例如：“请您……”、“麻烦您……”、“谢谢！”等。遇见人打个招呼“您好！”、“大家好”、“早安！”等，这些都是不该吝啬，宜常挂在嘴边的用语。

小贴士

别忘了“口气”

注意自己的口腔口气。相信你也不愿意和一个有口气的人太过接近。所以平时要注意保持口腔清洁。交际应酬前不妨吃颗口香糖，确保口气清香。

04 衣着

得体的穿衣是体现个人形象和个人礼仪的最佳方式。

1. 最得体的穿着之道

A. 女性

· LBD：就是 Little Black Dress 的简写，即及膝小黑裙。这是一种最不易出错的衣着，适合出席婚丧喜庆、商务休闲等各式场合。所以建议衣柜里必定要预备一件或几件连身的或套装式的小黑裙。样式上最好简约的、华丽的都具备，方便出席不同场合。

· 配饰方面，鞋子颜色是黑色固然最为稳当，但也可以不要这么沉闷。如果你具备流行触觉，那么银色系、金色系甚至红色、黄色都可以搭配出惊喜。不过要注意手上的小包包最好和鞋子的颜色同色系。就算不是同色系，也最好不要一深色配一浅色，这样为搭配一重一轻，缺乏整体感。

B. 男性

背心、短裤、拖鞋的打扮适合热带地方度假，但难登大雅之堂。而近年流行穿衬衫不打领带的着衣方式，虽然较休闲，但对男性来说，最得体的穿着还是西装打扮。参加各式商务聚会或是婚丧喜庆场合，穿西装给人稳重、专业且尊重他人的感觉。

不过穿西装也有些细节要留意，才不致穿得土气。

- 整套西装打扮，包括衬衫、西裤、外套、皮带、皮鞋，全身颜色不宜多过三种。领带可以是亮点，但也应与整套陪衬和谐为宜。
- 穿深色西装不宜穿白色袜子，应以同色系为主。
- 西装袖口的商标一定要剪掉。
- 在西装衬衫里加穿圆领内衣是不合宜的。如果为了保暖，一定要穿内衣，不妨选择V字领的内衣，以不让内衣领露出为宜，比较得体的方法是不穿内衣，但可在衬衫外加穿羊毛衫或毛背心。整体看来不要臃肿就好。
- 西装口袋不宜放置太多东西，胀鼓鼓的口袋使整体西装外观走样。
- 裤子长度要合宜。裤脚前面比后面稍短一点，这样前脚上的裤管就不会一团臃肿，而后面的裤子长度又能覆盖到脚上。

2. 出门前应注意的小细节

个人仪容上的一些小细节稍不注意，就会轻易破坏原本悉心的装扮，所以应多加留意。

A. 腋下是否已清理干净？否则一抬高手臂露出腋下漆黑一片，很是煞风景。

B. 手脚的指甲是否清洁干净？尤其是如果指甲油有剥落迹象，应尽快补救。

C. 确保丝袜没有脱线迹象。万一在宴会中不小心刮破丝袜，建议还是立即去化妆室脱除为佳。

D. 如果穿着比较低胸，应注意走光问题。现在市面上有许多类型的胸贴、胶纸提供保护。

小贴士

Dress Code（穿衣的规定）

现在很多高级餐厅，商务场合及私人宴会，都会流行设置 Dress Code 来要求客人的衣着合乎主题。

Dress code 的意思就是穿衣的规定。可以细分如下面几个种类。

Smart Casual

可以解释为时髦的休闲打扮。虽然说是“休闲”，但T恤、短裤、拖鞋的装扮还是不合宜的。那么，可以穿牛仔裤吗？一般而言，如果是年轻朋友的派对宴会，时髦的牛仔裤打扮是可以接受的。但如果是属于商务性质的宴会，穿一套裙子或长裤套装还是比较得体的。

装扮 1

黑白搭配永远经典，加一个亮丽的手拿包就可以很时尚。

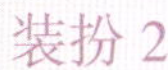

经典小黑裙几乎适合所有场合。

装扮 3

嫌黑色太闷，能和自己肤色搭配的粉嫩色系连身裙也是好选择。

Lou×e Suit Or Cocktail Dress

即是西式套装、鸡尾酒宴会服。可以比Smart Casual稍微正式一点。女士可以作西式裤装打扮。如果穿裙子，裙长及膝就✓，选一条即膝连身裙是合适的。

装扮 1

其实中式旗袍的打扮是很适合正式场合的，选配一双时髦有型的高跟鞋，再适量搭上款式摩登的首饰，就不怕造型太过守旧老土。

装扮 2

又是一款经典小黑裙，衣服上有些亮片的设计加强了正式感。

装扮 3

亮眼的红色连身裙，也是永不过时的款式，配上一、两件时髦设计的首饰，出席正式场合绝对得体。

Black Tie Or Eveni× Attire

即是晚宴服。基本上要求穿着 Black Tie 的宴会里，女士应该要穿裙长及地的晚礼服。但随着时代变迁，一套漂亮的及膝连身裙，加上陪衬得宜的晚宴小包和高跟鞋，这样也是可以接受的。不过这种穿来参加 Black Tie 宴会的短裙，样式上可以华丽一些，不宜是休闲轻松的感觉。

装扮 1

选择及膝短裙参加 Black Tie 场合，样式上宜华丽些。改良式中式旗袍予人正式、尊重他人的好感，不妨衬上隆重的首饰，出席 Black Tie 不失礼。

装扮 2

除了黑色，古铜金也能显出经典优雅的味道。

装扮 3

装扮 4

选穿粉色系的晚礼服，让你在 Black Tie 晚宴中增添清新的感觉。

White Tie

这是指最高级别的男士白领结晚宴服。既然已经要求男士穿戴最隆重的燕尾服，那么可想而知对于女士的打扮要求也一定要是华丽的及地长裙晚礼服，甚至应该要佩戴礼帽、长手套。不过现代社会已很少有讲求 White Tie 的场合。除非是极高规格的歌剧首映，才会有这样的要求。

装扮 1

选穿粉色系的晚礼服，让你在Black Tie晚宴中增添清新的感觉。

装扮 2

可以请设计师裁造两截式穿法，脱下拖地长裙后，即时变身迷你短裙，方便出席之后的庆祝派对。

05 妆容

化妆是一种礼仪。出席一些商务交际宴会，完全不化妆的素颜，很容易显得你无精打采。所以得体的穿着，也要配上得体的妆容，这样从头到脚整体一致的配合，才是尊重自己、尊重他人的表现。

化妆品的种类及颜色繁复众多，但应注意不是所有颜色都适合自己，平时不妨利用在家时间多多试验、练习，找出适合自己的颜色，也熟练一下化妆的手法。

1. 基本日常生活化妆步骤

A. 清洁

清洁面部肌肤，涂上保湿霜。好的肤质是化妆最重要的基础。

B. 上底妆

选择与自己肤色一致的粉底液用手指或海绵轻轻在脸上按匀。擦粉底一定要有耐心，才能涂得轻薄均匀，否则容易涂得厚重，好像带了一层面具，毫无美感。

别忘了脖子的部位也要均匀擦上粉底，才不致厚此薄彼，脸与脖子呈现两种颜色。

C. 定妆

用蜜粉或干粉饼固定妆容。

D. 眉毛

用眉笔、眉刷顺着眉形刷出双眉，眉笔色泽宜与自己头发颜色相近。

E. 眼线

顺着眼睫毛根部画出一条极贴近眼形的幼细眼线。

F. 眼影

在眼盖（即眼窝）部分，扫上一层淡淡的眼影。眼影主要作用是加深眼睛轮廓。

★眼影颜色繁多，通常浅啡色、大地色是比较不易出错的颜色。

★画眼影要留意，不要毫无层次把颜色厚厚一团涂在眼窝上。从眼头到眼尾、从眼线位到眉毛下的部分，都要有由深入浅的层次感，否则宁可省略这一步骤，让眼妆干干净净的，也很得体。

A. 清洁。

B. 上底妆。

C. 定妆。

D. 眉毛。

E. 眼线。

F. 眼影。

G. 睫毛

夹睫毛，Z 字形涂上睫毛膏。

H. 腮红

在双颊苹果肌上，轻轻扫上自然的胭脂颜色。

I. 唇彩

扫上自然色泽的唇彩。

★晚妆的唇色可以鲜艳一些，这样在强烈燈光下，才不致有“面青口唇白”的病样。

但是如果你的眼妆已很浓烈，那么唇色就要用淡一点的色彩，让彩妆焦点集中在脸上一个部位就好，否则给人浓妆艳抹的感觉，易流于俗气。

G. Z 字形上睫毛膏。

H. 上腮红

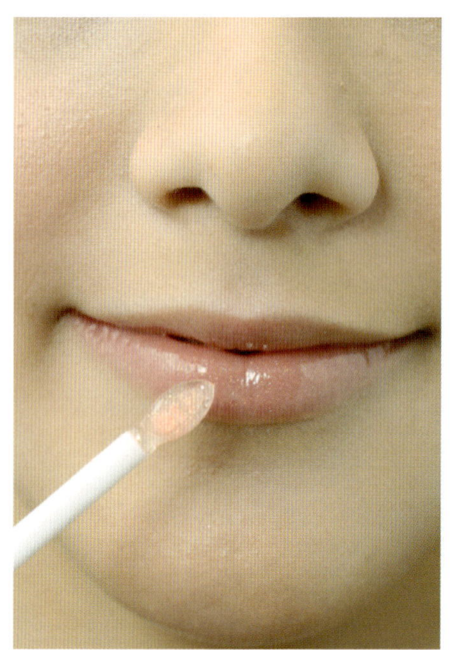

I. 涂唇彩

妆成

如何简易快速地补妆?

不论如何精心化好的妆容，过了几个小时还是会脱落不少。这时如果重新卸妆再化个全妆，又太浪费时间，所以要善用补妆的技巧。

底妆部分：

1. 全脸均匀喷上保湿喷雾，让皮肤舒缓一下。

2. 用手掌、手指腹轻轻按压全脸，帮助水分渗透吸收。

3. 用面纸轻轻按压全脸，把多余水分吸掉。

4. 以海绵蘸上粉饼粉，轻轻在眼底、T字部位等易脱妆的部位按压，以补回已掉的粉。

眼妆部分：

1. 以蘸湿的棉棒先把眼底、眼上已晕染开的睫毛液或眼线液的残渍轻轻擦拭干净。

2. 以蘸上粉饼粉的棉棒为这些部位补回底粉。

3. 重新把已掉色的眼线位置补回眼线。

唇妆部分：

1. 先把嘴上的口红清理，擦干净。

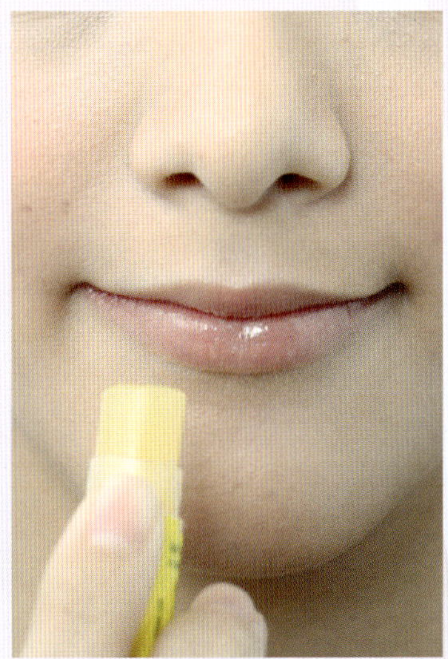

2. 擦护唇膏，使嘴唇保持润泽。

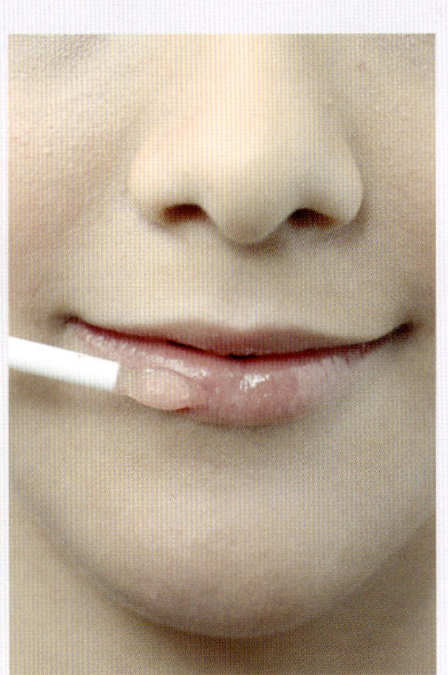

3. 补上口红。

2. 香水的分类与使用

一般我们说的香水，其实是一个统称。香水依其酒精、香精的浓度不同，可再细分为香精、香水、淡香水等。

香精（Parfum）：15% ~ 25%的浓度，香气持续5 ~ 7小时。香味较浓烈，适合夜间宴会使用。

香水（eau de Parfum）：10% ~ 15%的浓度，香气持续约5小时。适合白天使用。

淡香水（eau de Toilete）：5% ~ 10%的浓度，香气持续约3小时。淡淡的香气适合白天使用。

香水可以是一个女人的独特印记。浓烈的、清新的……种类繁多，各有人所爱。但涂抹香水不宜大量、大面积喷洒。太过强烈的气味，不论多香也会令人退避三舍，起到反效果。轻轻在颈部、手腕或耳后点洒一些，就可以留下芬芳的印象。

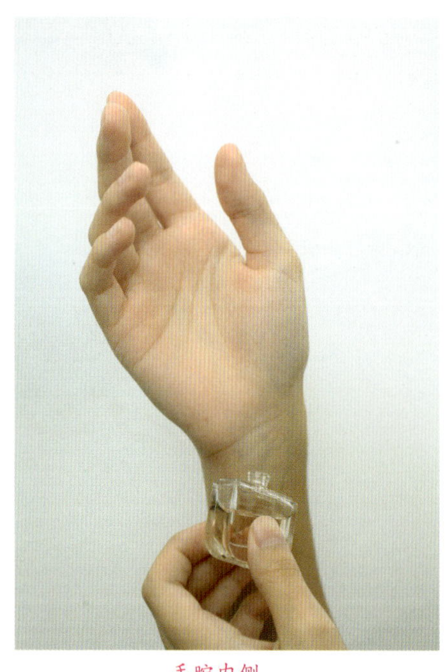

手腕内侧。

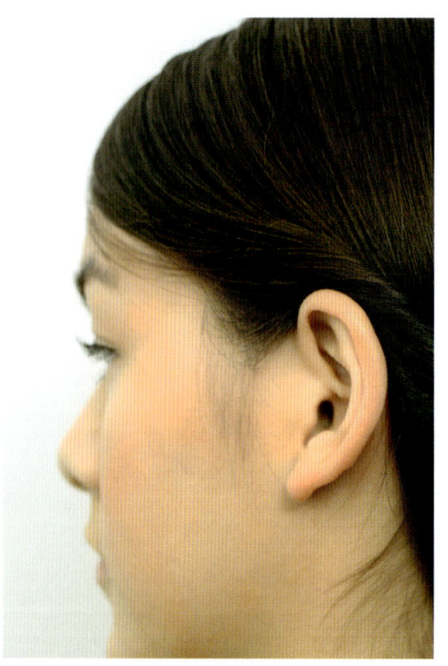

耳后。

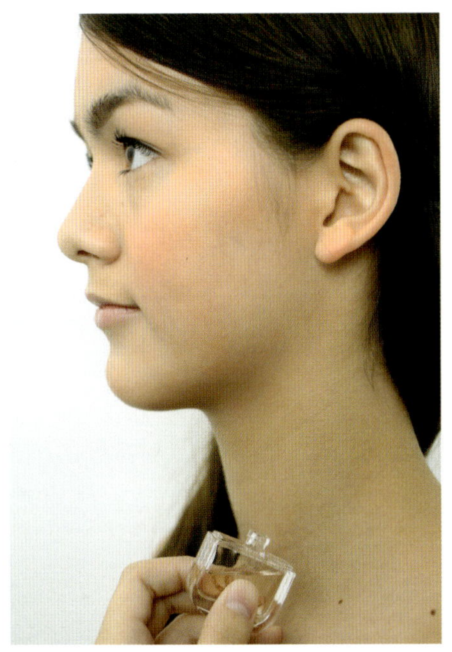

颈侧动脉处。

另外，近年也流行使用香膏。香膏就是固体的香水。它的香气持久度可能不及香水，不过含蓄内敛的暗香也受到许多女士欢迎。而且有些香膏还兼有滋润皮肤、保湿的功效。擦香膏的部位和擦香水基本相同。

香膏、香水的使用主要是为了增加个人体香，或是为了遮住不良的气味，但说到底，多注意自己身体清洁才是根本之道。

第四章

公共场合的礼仪

出入公共场所，尽管身边都是不认识的人，但保持礼仪不但是有公德心的体现，更是形成你个人优雅气质很重要的一环，尊重他人也尊重自己。

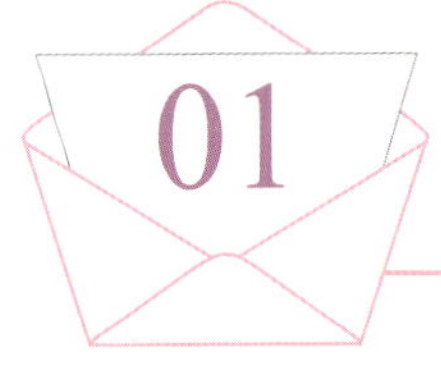

01 公共空间

在大家都有权进出、使用的公共空间，如果人人都能为他人着想，社会整体的文明水准自然能得以提升。

1. 出入口

使用公共场所的出入口，几个细节要留意：

A. 推开门的礼仪

公共场所的门口，如果不是自动门，出入时应注意后面是否跟着有人，自己推开门后应稍微扶一下门框，方便后面的人进出。

轻扶门方便后面的人进出。

逗留在出入口影响他人。

B. 出入口不逗留

与朋友同行，注意不要挡在出入口聊天，以免造成他人不便。

2. 电梯

进出电梯要注意的地方：

A. 先出后入

当电梯开门后，礼貌上应先让里面的人走出来，再进入电梯。不宜争先恐后，在电梯门口挤成一团。

让电梯里面的人先出来。

不宜抢进电梯，挤成一团。

B. 禁止抽烟

如果有抽烟的习惯，注意不要在电梯里抽烟。即使当时只有你一个人，但因为电梯是密闭空间，烟味在短时间不易消散，这样会影响到之后的电梯使用者。

3. 电动步道及手持梯

使用这些设备时，注意不要和同行朋友霸占整个步道，要靠边站立，让出另一边空间，方便其他人穿越。

与同行友人可以前后站立，以让出另一边空间。

和友人一起霸占了整个步道，会令后面想要穿越者感到不便。

4. 公共厕所

使用公共厕所，宜保持环境清洁，方便其他使用者。

A. 坐垫纸

公共厕所的马桶坐垫毕竟是公用的，建议还是不宜和我们有“肌肤之亲”。现在有些公厕会提供坐垫纸，如果没有坐垫纸供应，建议可以用厕纸代替。

B. 稍作清理

如厕完毕，最好能稍清理一下坐垫，不要留有自己的尿渍，并谨记冲水。

C. 垃圾处理

丢弃卫生护垫，建议用厕纸包裹一下再丢弃于垃圾桶内。

5. 饭店旅馆

出外出差、旅游住宿旅馆酒店，请注意遵守以下的礼仪：

A. 大厅及走廊是公共空间，不宜在此大声喧哗，或穿着睡衣、睡袍走来走去。

B. 酒店房间虽有专人清扫打理，也不要弄得脏乱，这是个人修养的表现。例如：

- 用完的大小毛巾，可以把它们集中置入浴缸内，方便清洁人员收拾。
- 废弃垃圾宜妥善置于垃圾桶内。

- 注意环保。每次离开房间时，谨记关闭房间的总开关，节约能源。
- 房间内的物品，如衣架、枕头、吹风机等是酒店物品，不宜随意拿走。要是真的喜欢酒店提供的睡袍、枕头，有些酒店是设有价目表的，可以询问购买。

6. 搭机

现代人搭飞机出差及旅游可以说是十分普遍了。搭飞机应留心的礼仪细节有：

A. 准时登机

拿到登机牌后，要注意登机时间和闸口号码，提前 30 分钟到达闸口，不要因你个人而令飞机误点，累己误人。

B. 登机随身的物品，应尽量控制在一件手提行李，最多外加一个能收纳物品的手提袋之内。如果临时又买了些物品，应尽量集中收纳在手提行李或手袋中，不宜大大小小地拎着几个袋子，除了不方便登机，也有失仪态。

C. 按照自己登机牌的号码入座，不应自己随意调换位子。

若是真想更换座位，应等机舱门关闭，所有乘客都坐定后，请空中服务员为你与他人协商。也可以询问空服员哪里还有空出的座位。

D. 所有手提物品要收纳在头顶上方的行李架内，不可放在自己座位下或置于自己腿上，这是有关飞行安全的规定。

E. 注意约束自己随行的儿童，不要让他们在过道上玩闹跑动。

F. 和友人聊天要注意自己的音量，不要打扰到他人。

G. 飞机降落后，信号灯未熄灭前，不应站立起来或走动拿取行李。

搭乘长途机如何护肤？

长时间待在极度干燥的机舱内，不妨利用这段时间做一下简易的护肤：

1. 卸妆。由于机上有液体携带管制，所以可用无需过水清洗的卸妆纸巾慢慢将脸上的妆容层层擦拭干净。
2. 再以纸巾蘸水轻按肌肤，让肌肤保持湿润，或用喷雾水喷洒全脸一次。
3. 再用透明并无需清洗的涂抹式面膜敷脸，或用滋润的精油按摩全面，也可达滋润并封锁水分的效果。
4. 飞机降落前可以用粉饼稍稍调节脸上肤色，搽上唇膏或唇彩，便可容光焕发地下机了。

02 各种社交场合

随着时代发展，人与人之间的交往活动也越来越丰富、多元化，一个懂礼节，并善于应用社交礼仪的人，在这些场合中自然也能如鱼得水，赢得他人尊重和友谊。

不过有些人天生害羞，不敢积极参与各式社交场合，这在现代社会无疑是给自己筑起一道墙，断绝了自己获得更多新讯息、新友谊的机会。有些人即使参与各种社交活动，也因为胆怯而无法充分与他人交际互动。其实如果能熟悉社交礼仪，为自己作好“懂礼”的准备，相信就能为自己增添自信和勇气，消除这些害羞和胆怯，作一个有教养、受欢迎的现代人。

所谓各种社交场合，其实也不外乎婚丧喜庆的范畴。以下就这些场合为大家建议应该留意的礼仪细节。

1. 音乐会

现在一般而言，虽然对参加音乐会听众的服装没有特别规定，（除非是首演等重要场合，请柬上可能会写明 Dress Code，详见第三章日常生活行为举止之四——衣着），但在国外，人们还是习惯穿得较正式去参加音乐会。这是对大会及音乐家的基本尊重。所以建议大家在打扮上不应太休闲，短裤、拖鞋的穿着绝不适宜。

A. 准时

进场时间要准时，万一迟到，就只好耐心在外等候恰当时机再进场入座。通常是一曲终结，甚至是到中场休息时间，服务员才会让你进场入座。

B. 手机关机

记得要关闭手机，在会场内绝不宜使用手机通话。

C. 开演后禁止走动及交谈

音乐会开始，是不宜随意在场内走动或和人聊天的。这些举止会影响他人欣赏的雅兴，也不适宜使用有闪光灯的照相机，这会影响他人甚至表演者。

D. 静心聆听是个人修养

咳嗽是禁忌。但万一真的忍不住，也请尽量降低音量，并向邻座致歉。

E. 不宜在音乐会进行时吃零食

通常在开场或中场休息时间，可以在场外买到饮料和零食，这些食品是不宜带进场内的。

F. 留意鼓掌时机

在音乐会上，有些很长篇的乐曲只是在中间一个段落稍作暂停，全曲并未演奏完毕。若你在这时鼓掌，很容易造成尴尬，所以建议不要做第一个拍手的勇者，如果不清楚鼓掌的时机，还是等大家都鼓掌时才拍手较稳当。

2. 生日祝寿

参加平辈友人的生日宴会，气氛比较轻松欢乐，这时要懂得做一个受欢迎的客人。不要吝啬你的微笑，愉悦地为寿星欢度难忘的生日。

参加长辈的生日宴，恭敬的礼仪更不可少。除了准备一些实用的礼品，例如保暖毛毯、手套、棉袄、电动按摩器等。在宴席上也要记得向长辈说些恭贺的吉祥话，如“福如东海”、“身体健康”、“万事如意”……制造喜气洋洋的气氛。

3. 婚礼

收到结婚请柬时，一定要在指定日期前向新人确定自己是否会出席，以方便主人家安排。

不论出席与否，赠送礼金或礼品是不可忽略的。

礼金习惯上要用双数，以讨吉利。数额的多寡一般则以当地的收入水准、两人关系的亲疏程度，或其他人的礼金金额作为考量。

赠送礼品的话，可以事先了解一下对方所需，再作打算。一般来说，一些家电用品、家具、装饰品、寝具用品都是得体的选择。

参加婚礼的穿着不宜太过华丽或太过暴露，这样会有存心与新娘争妍斗丽，抢新人风头的嫌疑。颜色方面可选择清新的颜色，例如粉红、粉紫、粉蓝、绿色……酒红色、米色系也比较适宜。全黑的衣服较不合适。若一定要选择穿黑色，也起码在服饰上要有红色、金色等喜气的颜色，不要给人一身素服晦气的感觉。

婚礼上玩游戏或敬酒，谨记适可而止，不宜过分为难新人，造成尴尬。

4. 丧礼

出席丧礼要穿着深色衣服，不宜花俏或浓妆艳抹。奠仪金额用奇数。尊重场合，绝不可迟到。一般出殡或告别式都有选择时辰，不宜延误。记得关闭手机，有必要接听电话，也要轻声说话。

小贴士

送礼的注意事项及禁忌

建议送给女士的礼物：丝巾、香水、口红、相框、小皮包、名片夹、巧克力等。

建议送给男士的礼物：领带、小皮夹、名片夹、袖扣、葡萄酒、酒杯组等。

如果和对方关系亲密或颇有交情，可考虑致赠较贴身的礼物，如内衣、睡衣，否则不宜随便送这些较私人的物件。

一些送的禁忌也请注意，不应送人扇子、伞（意味“散”，分别之意），钟（意味“送终”，极为晦气），手帕（俗谚“送巾、断根”意味永别），鞋（意味“请人走路”，分开之意）。

喜庆场合要送花，也宜选择鲜艳的喜庆颜色。粉嫩色系可以有粉红、粉黄和白色的组合，但不宜赠送全白色的花篮。